DIMANCHE NAPALM

DU MÊME AUTEUR

T'es où Gaudreault précédé de *Ta yeule Kathleen*, Leméac, 2012.
Le neuf février deux mille cinq, inédit, 2012.
Les morb(y)des, Leméac, 2013.
« Ruby pleine de marde », *Contes urbains 2013*, Dramaturges Éditeurs, 2013.
Les haut-parleurs, Leméac, 2015.

SÉBASTIEN DAVID

DIMANCHE NAPALM

théâtre

LEMÉAC

Ouvrage publié sous la direction de
Diane Pavlovic

Photographie de couverture : © Julie Artacho

Leméac Éditeur remercie le Conseil des arts du Canada, la Société de développement des entreprises culturelles du Québec (SODEC) et le Programme de crédit d'impôt pour l'édition de livres du Québec (Gestion SODEC) du soutien accordé à son programme de publication.

Financé par le gouvernement du Canada | Canada

ISBN 978-2-7609-0455-2

4609, rue D'Iberville, 1er étage, Montréal (Québec) H2H 2L9
Dépôt légal – Bibliothèque et Archives nationales du Québec, 2016

Imprimé au Canada

CRÉATION ET DISTRIBUTION

Cette pièce a été créée à Montréal le 8 novembre 2016
par La Bataille en coproduction avec
le Centre du Théâtre d'Aujourd'hui
au Centre du Théâtre d'Aujourd'hui,
dans une mise en scène de l'auteur.

LA MÈRE : Sylvie Léonard
LE PÈRE : Henri Chassé
LE FILS : Alex Bergeron
LA SŒUR : Geneviève Schmidt
LA GRAND-MÈRE : Louison Danis
KIM : Cynthia Wu-Maheux

Assistance à la mise en scène : Catherine Comeau
Scénographie, costumes, accessoires : Odile Gamache
Éclairages : Julie Basse
Musique : Larsen Lupin

PERSONNAGES

LA MÈRE *et ses quarante-sept ans*
LE PÈRE *et ses cinquante-deux ans*
LE FILS *et ses vingt-quatre ans*
LA SŒUR *et ses seize ans*
LA GRAND-MÈRE *et ses soixante-quinze ans*
KIM *et ses vingt-quatre ans*

Dimanche silence

Une banlieue. Une maison. Une chambre. Dans la pénombre, un jeune homme est assis sur une chaise roulante. Ses jambes sont plâtrées, il est immobile. À peine le bruit de sa respiration.

LE FILS. …

Vendredi maman

LA MÈRE, *au Fils.* Maman

Ma-
Man

LE FILS. …

LA MÈRE. Répète après moi

Ma-
Man

Maman

LE FILS. …

LA MÈRE. Maman

Maman
Maman maman maman maman maman maman maman maman
Maman maman maman maman maman maman maman
Maman maman maman maman maman
Maman maman maman maman
Maman maman maman
Maman maman
Maman

LE FILS. …

LA MÈRE. On dirait qu'à force de répéter un mot
Y veut pus rien dire

Mercredi chambre

LE PÈRE, *au Fils.* On a touché à rien

On a touché à rien
Ta chambre est exactement pareille comme avant
Avant que tu partes
As-tu remarqué ?

LE FILS. …

LE PÈRE. Ça faisait quoi
Ça faisait au moins six ans que t'étais parti ?

LE FILS. …

LE PÈRE. On aurait voulu te faire une chambre au rez-de-chaussée
À cause de
De la chaise roulante
Ça aurait été plus simple
Mais c'était pas possible
Pis en même temps
Ta mère pis moi
On s'est dit que si tu retrouvais ta chambre
Ce serait mieux
Pis les repas
Si on pense aux repas
C'est pas plus compliqué de les monter ici
Pas plus compliqué
Je te dis
Mais je vas te descendre

Des fois
Pour que tu manges en bas avec nous autres

Ça va ?

LE FILS. …

LE PÈRE. As-tu
As-tu soif
De l'eau
Veux-tu de l'eau ?

LE FILS. …

LE PÈRE. J'imagine que t'as pas soif

LE FILS. …

LE PÈRE. C'est bizarre de te voir comme ça
Je veux dire
Avant
T'étais toujours dans
Dans la confrontation
Tu
T'en laissais pas passer une
Mettons

Pis là
Rien
Pas un mot depuis
Quoi
Une semaine déjà ?

LE FILS. …

LE PÈRE. Ta mère
Ta mère
Elle prend ça mal
Que
Que tu parles pas
Que tu parles pus

Surtout après ce que t'as fait
Cette nuit-là
Ça y a fait peur
Elle a de la misère à dormir depuis ce temps-là
Veux-tu ben me dire pourquoi t'as décidé de revenir ici
En pleine nuit
Mon gars?

LE FILS. …

LE PÈRE. En tout cas
Les médecins
Y ont dit que ta chute était pas assez importante
Pour laisser des séquelles au niveau du langage
Y ont dit importante
C'est le mot qu'y ont utilisé
T'aurais dû voir ta mère
Virer au rouge
Toutes les chutes sont importantes
Elle leur a presque crié
Pis après
Les médecins
Y ont dit que si tu parlais pus
C'était ton choix
Ton choix à toi
Parce que t'en es tout à fait capable

C'est un peu
Un peu dur à comprendre
Tu trouves pas?

LE FILS. …

LE PÈRE. Tes jambes
Ça
Pas trop mal?

LE FILS. …

LE PÈRE. T'en as pour à peu près deux mois
Avec les plâtres
Les médecins ont dit
Deux mois
Après
Tu vas pouvoir remarcher
Un peu de physio
Pis ça devrait se replacer
Toute va redevenir comme avant
C'est pas si pire que ça
Non ?

LE FILS. ...

LE PÈRE. On va
On va t'aider
Le temps que
Tu te remettes sur pied
Tu vas être bien
Ici
Entouré
Je sais que
Que t'as toujours haï ça
Habiter ici
Avec nous autres
T'étouffais
Tu disais
Mais on est là
On est là
Pour toi
Ok
Mon gars?

LE FILS. ...

LE PÈRE. Ta mère a même parlé de faire un dimanche poutine
Bientôt

Comme avant
T'aimais ça les dimanches poutine
Non ?

LE FILS. …

LE PÈRE. On en a jamais refait depuis que t'es parti

Mardi marde

LA SŒUR, *au Fils.* La position de ton corps
C'était bizarre

T'étais comme
Un peu
Comme si t'étais
Je sais pas
Pis ton bras
Toute retourné
Est-ce que c'était le gauche
Le droit
Dur à dire
Dans le noir
De même
En tout cas
Ça avait l'air
Comme
Inconfortable
Pis ta tête
Ta tête
Tournée dans le sens contraire du corps
C'était pas beau à voir
Je te regardais de ta fenêtre
Je comprenais pas ce que tu faisais là
Effouaré sur l'asphalte de l'entrée
Pis toute ce que mon cerveau de fille à moitié endormi se disait

C'était que t'étais pas beau à voir
Pas comme ça

Elle s'approche de lui, le regarde de plus près.

Tu veux pas me parler à moi non plus?

LE FILS. …

LA SŒUR. On joue-tu à « Ta vie c'est de la marde » ?

LE FILS. …

LA SŒUR. C'est un jeu que j'ai inventé
C'est facile
Tu nommes des choses sur la vie de l'autre
Que tu trouves qui sont de la marde
L'autre fait la même chose pour toi
Pis celui qui gagne
C'est celui qui pleure pas

Tu veux pas jouer
Hein?

LE FILS. …

LA SŒUR. Tu fais ben
Honnêtement
Je sais pas lequel de nous deux perdrait
Nos vies sont de l'équitable marde

Elle s'éloigne et regarde par la fenêtre.

En tout cas
Si tu veux savoir
Moi
Ma vie c'est de la marde
Parce que je m'en allais te rejoindre
Mon frère

Te rejoindre en ville

Moi pis mes seize ans
On allait prendre l'autobus un soir
Dans pas long
Pis te faire la surprise
Salut c'est moi
Je veux prendre une pause de ce que je pense que je suis
Je peux-tu rester ici
Avec toi
Pour un bout
On va rire de notre passé plate
Pis on va jouer à faire semblant que l'avenir le sera pas

T'aurais dit oui
Hein ?

LE FILS. …

LA SŒUR. Des mois que je ramasse mon cash
Des mois que je travaille
Que je m'humilie à chaque fin de semaine
À la section pâtisserie du IGA
Que la pâtissière en chef m'appelle secrètement le muffin
Des mois que mon corps enfle plus vite que mon compte de banque
À cause des maudits croissants au beurre
Qui coûtent cher
Pis qui goûtent rien

Je m'en allais te rejoindre
C'était prévu
Calculé
C'était juste une question de semaines
Pis c'est toi qui es revenu
J'aurais jamais pensé que t'allais revenir ici un jour
Surtout pas comme ça

Deux étages
Pensais-tu que deux étages allaient pouvoir te tuer?

LE FILS. …

LUNDI FANTÔME

Bruit de moteur électrique. La Grand-mère passe lentement dans l'espace sur sa chaise roulante électrique. Elle s'arrête, ouvre une radio portative. Rythme.

LA GRAND-MÈRE. Y a
Y a-tu
Y a-tu quelqu'un
Y a-tu quelqu'un ici
Y a-tu quelqu'un ici qui
Y a-tu quelqu'un ici qui peut
Y a-tu quelqu'un ici qui peut me dire
Y a-tu quelqu'un ici qui peut me dire si
Y a-tu quelqu'un ici qui peut me dire si ça se peut
Y a-tu quelqu'un ici qui peut me dire si ça se peut devenir
Y a-tu quelqu'un ici qui peut me dire si ça se peut devenir un
Y a-tu quelqu'un ici qui peut me dire si ça se peut devenir un fantôme
Y a-tu quelqu'un ici qui peut me dire si ça se peut devenir un fantôme avant
Y a-tu quelqu'un ici qui peut me dire si ça se peut devenir un fantôme avant de mourir ?

Elle éteint la radio. Elle repart.

Dimanche grand-maman

LA MÈRE, *au Fils.* Je reviens d'aller voir ta grand-mère

Fini les dimanches grand-maman
Où on se divisait à la gang
Le supplice de passer du temps avec elle
Tout le monde y va tu-seul de son bord
Maintenant
C'est déprimant

Ça fait combien de temps que t'es pas allé
Toi?

LE FILS. …

LA MÈRE. Personne mérite de mourir seul

On s'est jamais bien entendues
Elle pis moi
Mais depuis que la maladie s'est agrippée à elle
Au point de lui faire oublier sa propre existence
C'est différent

Je fais pas grand-chose
Je reste là
Une heure
Des fois deux
Je la regarde
La belle-mère
J'y tiens la main
Sa petite main frêle surprenamment encore chaude

Pis je pense même pas qu'elle réalise que c'est moi qui y tiens la main
Peut-être même qu'elle pense que c'est la main de Dieu

J'y tiens la main gauche
Pendant que sa droite frotte compulsivement sa petite croix en bois
Qu'elle a eue dans le cou toute sa vie
Un geste machinal qui est resté
Comme une protection
C'est pus conscient
Je veux dire
Je pense pas que sa tête se rappelle de ce que ça veut dire
Si tu comprends pus le monde qui t'entoure
Comment veux-tu comprendre celui au-dessus que personne a jamais vu ?
Mais son corps continue
Continue de frotter cet objet-là
Comme si ça pouvait encore y apporter du réconfort

Je la regardais faire tantôt
Pis j'ai pas pu m'en empêcher
Je me suis penchée vers elle

Pis j'y ai arrachée

Un petit coup sec

Elle sort une croix de la poche de sa veste.

Elle s'est rendue compte de rien

Je crois pas à ça
J'ai jamais cru à ça
Mais peut-être qu'y va pouvoir faire quelque chose pour toi

On sait jamais

Elle met la croix dans le cou du Fils.

Avant de partir
J'y ai chuchoté dans l'oreille

Je m'excuse

Je retournerai pus la voir
La belle-mère
Je me sens ben trop mal

Mercredi natation

Le Père fait des étirements.

LE PÈRE, *au Fils.* J'aime l'eau

J'aime ce que l'eau fait de moi

C'est rare que les gens commencent à nager
À mon âge
Mais y est jamais trop tard
Pour apprendre à nager
Y est jamais trop tard pour commencer quoi que ce soit
Oublie jamais ça
Mon gars

Depuis que j'ai commencé à nager
Je suis pus le même
Mon corps est plus ferme
Mes idées sont plus claires
Je me sens

Revivre

Y a une entraîneure
Là-bas
Céline
Elle s'appelle Céline
Qui dit que l'erreur que les gens font avec l'eau
C'est qu'y essayent de la contrôler
Mais y ont tout faux
Les gens

L'eau
C'est une matière intangible
Y faut pas essayer de la contrôler
Y faut faire corps avec elle
C'est la seule façon
Parce que si on s'agite
L'eau s'agite
Si on reste calme
L'eau reste calme

Y a une belle métaphore à faire avec la vie
Mon gars
Une ben belle métaphore
Ça là
Tu penses pas ?

LE FILS. ...

LE PÈRE. Une seule façon de s'en sortir
Faire corps avec elle

En tout cas
Je pense que ça te ferait du bien de nager
Quand tu vas aller mieux
Ça va être bon pour toi
L'eau
C'est bon pour tout le monde
Je vas t'amener
Je vas t'amener à la piscine
Si tu veux

Il finit ses étirements puis regarde son fils. Il remarque la croix que ce dernier porte au cou.

Mon Dieu
Comment ça tu portes une croix ?
Dans ton cou
Une croix

LE FILS. …

LE PÈRE. Elle ressemble à celle de Maman

Elle a beaucoup régressé
Ta grand-mère
Dans les derniers temps
C'est

Bon
Y faut que j'aille à la piscine

En partant, il répète ce qu'il vient de dire en chantonnant pour lui-même.

Y faut que j'aille à la piscine

JEUDI PUBLIC / PRIVÉ

LA SŒUR, *au Fils.* Cette vie va me tuer
Mon frère
C'est ma seule certitude
Le monde est une guerre
Pis on nous demande d'aller au front
En nous armant de gentillesse
Pis de patience

En plus d'avoir à chercher ma place dans le monde à chaque seconde
Y faut que
Tous les jours
Je me cherche une place
À la cafétéria
On est jamais tranquille

À midi
Je marche dans l'allée
Avec mon cabaret
Pis y faut absolument que je passe à côté d'une table de bitchs
De celles qui se partagent à quinze l'équivalent de mon repas
Qu'elles vont s'empresser d'aller recracher dans les toilettes
À tour de rôle
En s'encourageant
Pis en se gargarisant de shots de Listerine

Des bitchs
Des vraies
De celles qui disent love au lieu de amour

Je passe à côté d'elles
Pis là
Y a une bitch qui tète sa frite qui me dit

Coudonc t'es-tu faite mettre dans le pet
Tu marches comme une envie de chier

J'y aurais répondu
Ben oui
Pis je viens de faire un tas qui me parle
Mais j'ai rien dit
Comme d'habitude
Baissé les yeux
Comme d'habitude

Maman pensait que ce serait moins pire au privé
Qu'un uniforme
Ça pourrait uniformiser les corps pis les esprits
Que je passerais inaperçue du jour au lendemain

Elle a dit
On va se serrer le budget
Pis on va l'envoyer au privé
La pauvre
C'est ça qu'elle a dit
Maman
Elle a dit
La pauvre
Ça m'a marquée
J'y en ai voulu pour ça
Mais quand même j'y ai cru
J'y ai même cru moi aussi
Que ça serait différent dans l'autre école
Mais c'est la même histoire

C'est juste qu'elle porte un uniforme
Toujours la même histoire uniforme qui continue tout le temps

Mais quand même
Je m'endurcis
Mon frère
Je m'endurcis
De la dizaine d'insultes entendues aujourd'hui
Y en a juste une qui a été assez forte
Pour me pénétrer le cœur
Pis féconder un genre d'émotion
À mi-chemin entre l'envie de me replier sur moi-même
Pis l'envie d'une tuerie collective
Quelqu'un a dit de moi que j'étais greige
Sais-tu c'est quoi être greige ?

LE FILS. …

LA SŒUR. C'est être gris pis beige
En même temps

Mardi 42 708,13 $

LA MÈRE, *au Fils.* On a reçu une lettre du gouvernement
À ton nom

Je sais que t'as jamais aimé ça que j'ouvre ton courrier
Mais j'ai pas pu m'empêcher
Ça avait l'air important
Trop important
Pour que je la laisse moisir sur ton bureau
En attendant que tu l'ouvres
J'avais raison
C'est important
C'est à propos de tes prêts

Comme tu t'es pas réinscrit à l'université
Y faut que tu commences à les rembourser
Tes prêts
Mon gars

C'est beaucoup d'argent
Beaucoup beaucoup d'argent
Ben plus d'argent que j'aurais pensé
Comment tu vas faire ?

LE FILS. …

LA MÈRE. Hein
Comment tu vas faire pour payer ça ?

LE FILS. …

LA MÈRE. T'as-tu un plan ?
À part celui de rien dire pis rien faire

LE FILS. …

LA MÈRE. Qui va payer pour ça ?
Nous autres ?

LE FILS. …

LA MÈRE. C'est-tu ça que t'attends ?

LE FILS. …

LA MÈRE. C'est-tu à ça qu'on sert ?
À ramasser tes dégâts ?

LE FILS. …

LA MÈRE. T'as juste vingt-quatre ans
Mon gars
Pis t'es déjà sur la corde raide

Aussitôt que tu vas recommencer à marcher
Y va falloir que tu trouves une job
T'auras pas le choix
Y faut que tu fasses de l'argent
Comme tout le monde
Pis que tu commences à rembourser tes prêts
On niaise pas avec ça
Le gouvernement
Ces affaires-là
C'est sérieux

Quand je pense que t'as même pas de diplôme en plus
T'as jamais été capable de rien finir
T'as jamais fini un bacc
T'as commencé en sciences politiques
Après c'était quoi ?
Histoire ?

Ou philosophie?
Je m'en rappelle même pas
Tellement ça a pas duré
Après tu t'es ramassé en cinéma
En cinéma
Tout d'un coup
C'était le cinéma
C'était ça que t'avais toujours voulu faire dans le fond
Tu disais ça
Comme si c'était une évidence
Du jour au lendemain t'étais un artiste
Y a jamais eu d'artiste dans la famille
Veux-tu ben me dire d'où ça t'est venu
Cette idée-là?
Pis ça t'a mené exactement là où on pensait que ça allait te mener
Dans la rue
À filmer des
Des manifestations inutiles
À filmer des jeunes qui provoquent des pauvres policiers épuisés
Avec une caméra volée en plus
Au département de l'université
Caméra
Que ton père pis moi
On a été obligés de rembourser
Je te rappelle
Parce que tu l'as brisée
En fuyant supposément un méchant policier qui te courait après

Est-ce que ça valait quarante mille piastres
Ça
Mon gars?

LE FILS. ...

LA MÈRE. Qu'est-ce que tu regardes?

LE FILS. …

LA MÈRE. QU'EST-CE QUE TU VOIS?

LE FILS. …

LA MÈRE. À QUOI TU PENSES?

Lundi pouvoir

LA SŒUR, *au Fils.* Tu trouves-tu que je pue?

LE FILS. …

LA SŒUR. Une semaine que mon désir d'être nauséabonde pour autrui grandit
Une semaine que je porte le même linge
Sans que personne s'en rende compte
Tu trouves pas que je pue un peu?

LE FILS. …

La Sœur enlève sa blouse.

LA SŒUR. Sens ça

Elle enlève sa jupe.

Pis ça
Viens pas me dire que ça sent les fleurs

LE FILS. …

Temps. La Sœur se promène en sous-vêtements dans la chambre.

LA SŒUR, *regardant sa poitrine.* Y sont deux à faire ma paire
Pis je me demande tous les jours lequel j'haïs plus que l'autre
Penses-tu que Maman pense à ça
Quand elle nous a tous les deux dans son champ de vision?

LE FILS. ...

LA SŒUR. Regarde toute ce qui dépasse
Regarde-moi donc toute ça
Quel dégât
Pourtant j'ai ce pouvoir de me prendre en main
Pis de perdre toutes les livres que j'ai en trop
De prendre ces livres
Pis de les brûler à coups de course à pied
De redressements assis
J'ai ce pouvoir de raffermir ma taille
Pis de redonner à mes seins toute l'ampleur qui leur revient
De gagner une confiance nouvelle grâce à ma poitrine
Pis à mon petit cul tight développé en parallèle
J'ai ce pouvoir de devenir sainement obsédée par mon apparence physique
Sans pour autant mettre de côté mon intellect
D'être un esprit sain avec des gros seins
De me déclarer à la fois femme forte féministe et féminine
D'enfiler ce tailleur que mon corps d'avant aurait jamais endossé
De passer les portes des HEC ou du Barreau
Avec un cerveau
Une poitrine
Pis un cul
Conformes à la femme de tête que je deviendrais
J'ai ce pouvoir de devenir cette femme-là

Y suffit juste que je le fasse
Mon frère
Tout le monde peut suer
Fondre
Pis donner à son corps la forme de son ambition

Mais j'ai aussi ce pouvoir de faire comme toi

De cracher là-dessus de toute ma bave
Pis d'avoir comme seule ambition de pas avoir d'ambition
De pas péter plus haut que le voisin du trou duquel je suis sortie
De devenir une nuisance majeure et vaccinée
J'ai ce pouvoir de choisir ma chute
De choisir sa hauteur
Son vertige
Pis de me laisser tomber pendant que le monde gère mal son déficit d'attention
J'ai ce pouvoir de ne pas me renouveler vestimentairement parlant
De manger toute ce que je trouve
De devenir grasse et puante
De m'asseoir
Pis d'attendre que mon cul prenne de l'expansion
Tellement tellement d'expansion
Qu'y passerait pus dans la porte
Pis ce serait de sa faute à lui
Pas la mienne
C'EST CE CUL QUI ME CONDAMNERAIT À RESTER DANS MA CHAMBRE
CHEZ LES PARENTS
POUR LE RESTANT DE MES JOURS
À PAS PARTICIPER À LA MARCHE DU MONDE
PARCE QUE MÊME PUS LE DÉSIR NI LE POUVOIR DE ME LEVER
CE MONDE SUR LEQUEL J'AURAIS ENVIE DE M'ASSEOIR
CE MONDE QUE JE SENTIRAIS CROULER SANS MÊME ME SENTIR COUPABLE
PENDANT QUE JE PARTIRAIS À LA RECHERCHE DE MON NOMBRIL
DANS MES MULTI-COUCHES DE GRAISSE

EN PRENANT DES PAUSES À CHAQUE CINQ MINUTES
ESSOUFFLÉE
POUR ÉPLUCHER MON FIL FACEBOOK
QUI SERAIT MA SEULE DOSE QUOTIDIENNE D'ACTUALITÉS
TOUT EN JETANT RÉGULIÈREMENT UN LOOK À MA PHOTO DE PROFIL
QUI AURAIT NÉCESSITÉ HUIT CENTS SELFIES
POUR TROUVER L'ANGLE PARFAIT
QUI FAIT QUE J'AI L'AIR PIRE QUE CE QUE JE SUIS
TOUTE ÇA
JUSQU'À CE QU'ON M'ENTERRE
DANS
UN
CONTAINER

Elle se laisse tomber au sol.

C'est-tu ça qu'y faut que je fasse?

LE FILS. …

LA SŒUR. Je m'en vas par où
Mon frère
Je m'en vas par où?

LE FILS. …

Jeudi confession

LE PÈRE, *au Fils.* T'as honte

C'est pour ça que t'oses pas dire un mot
T'as honte
Hein ?

LE FILS. …

LE PÈRE. Je comprends
Moi aussi
J'ai honte
De ben des affaires

On s'est jamais beaucoup parlé
Toi pis moi
Je veux dire
Parlé pour vrai
Mais pour te montrer que t'es pas tu-seul
Tu-seul à avoir honte
Je suis venu t'avouer quelque chose de terrible
Ok
Mon gars ?

Il s'assoit à côté du Fils.

C'est drôle
Je me sens comme à la confesse
Pardonnez-moi mon père car j'ai péché

Il rit.

Tu trouves pas ça drôle ?
C'est comme si la situation était
Inversée
Comme si
Le père
C'était toi
C'est drôle
Non ?

LE FILS. …

LE PÈRE. Bon

Ma mère
Je vas pus la voir
Au centre
Depuis longtemps
Je dis à ta mère que j'y vas
Que je préfère y aller tu-seul
Pour vivre mes derniers instants avec elle
Mais tout ça est complètement faux
C'est terrible
Hein ?

LE FILS. …

LE PÈRE. Mais c'est pas tout
C'est pire que ça

C'est pas parce que je trouve ça dur
Que je vas pus la voir
C'est pas ça
Parce que
Parce que même si elle est pas encore morte
J'ai commencé à faire mon deuil
Le jour où elle a arrêté de me reconnaître
Ça fait déjà quelques années de ça
Je t'ai déjà raconté ça
La fois où je suis rentré dans sa chambre

Pis qu'elle m'a dit
T'es qui toi
Pis que j'ai répondu
Personne
Personne madame
Ben cette fois-là
J'ai commencé à le faire
Mon deuil
Pas eu le choix
Pis j'ai même ressenti un certain soulagement
Parce qu'en oubliant son fils
Ma mère pouvait pus attendre rien de lui
J'étais comme libéré
Libéré du poids qu'elle était devenue avec le temps
Elle a jamais vraiment été agréable
Ta grand-mère
Tu le sais
Ça fait que j'ai commencé à raccourcir mes visites
Je suis même déjà juste resté deux minutes
Pis un jour
J'ai
J'ai fini par pus y aller pantoute
Parce que
C'est que
Voyons
J'ai de la misère à
Je vas pus voir ma mère
Je vas pus la voir
Parce que
C'est que
En fait je
Je vois une autre femme

Temps.

J'ai rencontré une autre femme

C'est arrivé comme ça
On s'est rencontrés à la piscine
J'ai pas
J'ai pas cherché à
Non
C'était un mercredi natation
J'étais là
Elle était là
Elle travaille là
On a commencé à jaser
Pis on a continué à jaser
De plus en plus souvent
J'ai commencé à venir
De plus en plus souvent
Lundi natation
Mercredi natation
Jeudi natation
Samedi natation
On a commencé à se voir ailleurs
Ailleurs qu'à la piscine
Jeudi resto
Dimanche cinéma
On fait ça
Depuis
Quelques mois

J'étais sur le bord de partir
Mon gars
De parler à ta mère
Pis de partir d'ici
De changer de vie
De recommencer
Autre chose
Ailleurs

Pis t'es revenu

C'est terrible
Hein ?

LE FILS. …

Samedi Stayin' Alive

Dans le boudoir. On entend très fort Stayin' Alive *des Bee Gees. Long moment.*

LE FILS. …

Puis la musique s'arrête abruptement. La porte s'ouvre, et la Mère retire le Fils du boudoir.

Jeudi Viêt Nam

LA MÈRE, *au Fils.* Quand je t'attendais
À l'hôpital
Dans la salle d'attente
En feuilletant une revue
Je suis tombée sur un article qui parlait d'elle

La petite Vietnamienne

La photo de la petite Vietnamienne
Celle qu'on a appelée la jeune fille au napalm
Tout le monde la connaît
Cette photo-là
Elle a fait le tour du monde
À l'époque

Pas la jeune fille
La photo

Elle
Elle était figée
Figée là
Dans ce coin du monde là

LE FILS. …

LA MÈRE. La première fois que je l'ai vue
J'avais presque son âge
J'étais une jeune fille aussi
Une jeune fille aux cheveux longs
Une jeune fille qui comprenait rien des guerres

Pis qui savait pas encore qu'elle y comprendrait jamais rien
Plus c'est loin
Plus c'est dur à comprendre
On dirait

J'étais choquée
Comme tout le monde
Tellement choquée
Mais je me trouvais chanceuse d'être à l'abri de toutes ces horreurs-là
Chanceuse de vivre dans un coin du monde
Où on a la sainte paix
Où les enfants grandissent
Loin des bombes

Elle est née au mauvais endroit au mauvais moment

Y avait une citation en gros à côté de la photo
«J'ai remercié Dieu parce que mes pieds n'étaient pas encore brûlés
Je pouvais fuir l'enfer»

J'ai arraché la photo du journal
Pis je l'ai gardée dans mes poches
La jeune fille au napalm

Elle sort la photo de ses poches et s'approche du Fils.

Regarde
Regarde-la
Regarde-la la petite fille
Elle souffre
Elle souffre
Elle a du napalm sur le corps
Partout sur le corps
Ça la brûle
Elle crie
Elle crie tellement ça y fait mal

Trop chaud trop chaud
Qu'elle crie
Du haut de ses neuf ans
Sans comprendre ce qui arrive
En courant
Pour essayer de faire partir
Ce qui la brûle
Mais ça sert à rien
Le napalm reste là
Collé sur sa peau
Elle a la haine du monde
Collée sur la peau
Pis ça la brûle
La jeune fille au napalm
Tu la vois
Tu la vois bien?

LE FILS. …

LA MÈRE. Tu regardes pas
Regarde comme y faut

Elle approche la photo de son visage. Puis elle s'éloigne. Temps.

Pis maintenant
Regarde autour
Regarde autour de toi
Qu'est-ce que tu vois?
Tu vois-tu des bombes
Toi?

LE FILS. …

LA MÈRE. Moi je vois pas de bombes
Moi je vois juste une chambre
Une chambre confortable
Avec un jeune homme
Élevé

Dans la paix
Protégé par quatre murs solides
Pis des parents qui l'aiment
Mais ça tu le vois pas
Tu vois pas ça
Hein ?

LE FILS. ...

LA MÈRE. Y suffirait juste que tu dises ce qu'on peut faire pour toi
Pour qu'on puisse t'aider
On est là
Je suis là
Ta mère qui t'aime est là

Temps. Elle espère que le Fils parle.

Dans l'article
Ça disait qu'elle avait quarante ans aujourd'hui

Pas la madame
La photo
Elle
Elle est dans le début de la cinquantaine
Comme moi
Elle s'appelle Kim
Pis elle habite à Toronto

C'est le photographe qui l'a sauvée
Si y avait pas été là
Elle aurait sûrement pas survécu

Y était là au bon moment
Lui

Elle se dirige vers la porte. Puis elle se retourne.

Je vas la mettre sur le frigo

Mercredi Kim

Kim, une grande Vietnamienne, se promène dans la chambre du Fils.

KIM, *au Fils.* Ta mère m'a dit que tu parlais pus
Que les mots
C'était fini
Que t'avais arrêté ça
Les mots
C'est-tu vrai ?

LE FILS. ...

KIM. On dirait ben que oui

Elle pense que c'est de la contestation
Que c'est comme une grève
Que tu fais
Une grève des mots
Déjà trois semaines
Je sais pas comment tu fais
Je sais pas où tu trouves encore la force
Moi j'ai

Tu dois te demander ce que je fais ici ?

LE FILS. ...

KIM. Je suis passée à ton appart
Pis ton coloc m'a dit que t'habitais pus là
J'ai pogné de quoi en maudit
Quand y m'a raconté ce qui t'était arrivé

Y m'a toute raconté

Faque j'ai décidé de venir te voir
Ici
J'aurais dû appeler avant
Mais je l'ai pas fait
C'est ta mère qui m'a ouvert la porte
Quand je me suis présentée
Elle a répété mon nom
Au moins vingt fois
Elle en revenait pas que je m'appelle Kim
Elle me regardait comme si
Je sais pas
Comme si elle me connaissait
C'était bizarre
Pis après
Elle m'a posé plein de questions
J'y ai dit qu'on avait été ensemble
Pendant l'année
Mais pas assez longtemps
Pour avoir la chance de rencontrer ma belle-famille
J'ai été polie

J'y ai dit que tu m'avais laissée
J'ai pas été capable d'y dire
Que c'est moi qui

Elle s'approche.

On a été six mois ensemble
Je te laisse
Pis pas longtemps après
Tu décides de retourner chez tes parents
En pleine nuit
Pour te sacrer en bas de la fenêtre de ta chambre
Comment tu penses que je me sens ?

LE FILS. …

KIM, *doucement, à ses genoux.* Je te l'ai déjà expliqué
C'était tellement fort ce qu'on a vécu
Qu'après la grève
Une fois toute ça fini
Une fois tout le monde rentré
Une fois tout le monde enfermé chez eux
On dirait que ça avait pus de sens
Que nous deux on avait pus de sens
Qu'on avait pus grand-chose à se dire
J'avais pus d'espoir
T'avais pus d'espoir
J'avais pus une cenne
T'avais pus une cenne
J'avais l'impression qu'à deux
On était juste comme la somme de nos dettes d'études
Pis de notre désillusion
Qu'on était doublement condamnés à être dans la marde pour toujours
On coulait garçon
Toi pis moi
On coulait

Faque je suis partie
Avant qu'on touche le fond

Je pensais pas que t'allais te

Ça se peut pas que tu dises rien
Ça te ressemble pas ça
Garçon

Je partirai pas d'ici
Tant que tu me parleras pas

LE FILS. …

Samedi changement

Bruit de moteur électrique. La Grand-mère passe lentement dans l'espace sur sa chaise roulante électrique. Elle s'arrête, ouvre une radio portative. Rythme.

LA GRAND-MÈRE. C'est
C'est-tu
C'est-tu possible
C'est-tu possible de
C'est-tu possible de changer
C'est-tu possible de changer ma couche
C'est-tu possible de changer ma couche avant
C'est-tu possible de changer ma couche avant de vouloir
C'est-tu possible de changer ma couche avant de vouloir changer
C'est-tu possible de changer ma couche avant de vouloir changer le monde ?

Elle éteint la radio. Elle part.

MERCREDI COCONUT

LA SŒUR, *au Fils.* Devine ce que je suis

Elle exécute trois ou quatre mouvements de façon répétitive.

Vas-y
DEVINE CE QUE JE SUIS

LE FILS. …

La Sœur continue puis s'arrête.

LA SŒUR. Je suis un gif animé
C'est évident
Y me semble

Regarde-moi

Elle recommence.

Regarde comment ma vie est si simple maintenant
Elle consiste à répéter sans cesse
Les mêmes mouvements faciles
Encore et encore
Sans m'arrêter
Jusqu'à ce que la mort me paralyse

Elle s'arrête.

Je me suis lavée finalement
Je pouvais pus me sentir moi-même

Mais après trois douches
Même si j'avais retrouvé mon odeur de coconut

Je continuais de me lever le cœur

Je savais pas quoi faire
J'avais de la misère à penser
Faque j'ai fait le ménage de ma chambre
Pour mieux faire le ménage de ma tête
C'est le truc de Maman
Elle en parle souvent
Je me suis dit que j'allais essayer ça
Pour voir si ça marche avec moi

Même si ma chambre était déjà propre
J'ai rangé mieux
Épousseté plus
Lavé plus fort le plancher
Pis après je me suis assis sur mon lit

J'ai regardé ma chambre plus que propre
J'ai attendu
Pis à un moment donné je me suis juste demandé

Est-ce que je vas passer ma vie à nettoyer ce qui est déjà propre?

LE FILS. …

LA SŒUR. Poser la question
C'était y répondre
Mon frère

Après
Ça m'a pognée

La peur
La grande peur de devenir un gif animé

La peur que ma vie soit juste une suite de mouvements répétitifs
Que j'aurais pas choisis
Pis que j'oublierais à force de les faire

Faque j'ai mis de la musique forte
Pis j'ai défait le ménage
J'ai foutu ma chambre en bordel
De la façon la plus désorganisée possible
J'ai même sorti toute mon linge de ma garde-robe
Pour pus qu'on voie ne serait-ce qu'un bout de plancher
Ça m'a fait du bien
Tellement tellement du bien

Pis j'ai pris une décision
Mon frère
J'ai décidé que j'allais partir d'ici quand même
Même si t'es revenu

Je vas aller passer du temps en ville
Tu-seule
Apprendre des gestes que je connais pas encore
Pis grandir un peu

En plus
J'ai l'impression que Kim va faire une bonne remplaçante
Maman la regarde
Comme si c'était la fille qu'elle avait jamais eue

Dans une couple de fins de semaine
Je sacre le camp
Mon frère

Mardi Céline

LE PÈRE, *au Fils.* On s'est vus hier

J'y ai parlé de toi
De ce qui t'est arrivé
On se dit toute
Elle trouve ça vraiment
Vraiment triste
Pis elle a dit que ça y ferait plaisir de te rencontrer
Un jour
Quand tu vas aller mieux

Tu devrais la voir
Une belle femme
Elle va avoir quarante-deux ans dans quelques semaines
Divorcée depuis trois ans
Pas d'enfant

Pis c'est une excellente entraîneure de natation à part de ça
Très
Bonne
Entraîneure
Oh oui
Très bonne
C'est elle qui m'a tout appris
Tu devrais voir mon crawl
Mon gars

Il rit.

Je vis des choses
Que je pensais pus avoir le droit de vivre
Mon gars
Céline
C'est pas juste passager
Ton père est en amour
Ton père est en amour
Pis y sait pas quoi faire avec ça

J'imagine que tu penses à ta mère
Hein ?

LE FILS. …

LE PÈRE. Moi aussi j'y pense

Des fois
J'ai le goût de tout y avouer
À ta mère
D'un coup
De sortir la bombe
Pis de subir les dommages collatéraux
C'est facile pourtant dire la vérité
C'est juste de dire les bons mots
Dans le bon ordre
Mais je

J'ai promis à Céline que j'allais le faire bientôt
Elle aime pas ça
Se retrouver dans cette situation-là
Elle est pas à l'aise
Je la comprends
Bientôt
Bientôt
Je vas parler à ta mère

En attendant
Je pense juste à Céline

Tout le temps tout le temps tout le temps
Je la vois partout

Je me sens comme un petit gars

As-tu pété ?

LE FILS. …

Lundi à qui la rue

KIM, *au Fils.* Y a beaucoup d'affaires
Mais j'ai mon petit coin
Un lit quand même confortable
Une chaise berçante
Ta mère m'a même descendu une petite télé

C'est drôle
Des fois
Je m'arrête
Parce que je trouve ça crissement absurde d'être là
Je regarde autour de moi
Pis je me dis que
Que je vis dans vos souvenirs
C'est à ça que ça sert un sous-sol
C'est là que toute se ramasse
Des gogosses
Des souvenirs
Toute ce qui sert pus
Pis moi
Je suis là
Au milieu de toute ça
Ton ex qui finit dans ton sous-sol
Avec toute le reste
C'est un peu absurde
Non ?

LE FILS. …

KIM. Des fois

Quand je suis un peu déprimée
Je finis même par me demander à quoi je sers moi aussi
Mais peu importe
Ça me fait du bien une petite pause de la ville
C'est tellement calme
Ici

Ce silence-là
Celui qu'y a dehors
Pas le tien
Celui du monde en général
Ce silence-là
Je l'avais oublié
On dirait
On a tellement crié
Dans les derniers mois
Ça m'a fatiguée
Tellement fatiguée

Je suis fatiguée
Garçon

Toi aussi hein?

LE FILS. …

KIM. J'ai pris une marche hier
Pis j'ai croisé personne
Je veux dire
J'ai croisé plein d'autos
Mais pas un humain comme moi qui marche dans la rue
Les gens marchent pas dans les rues ici

Sais-tu ce que je me suis dit
Dans ma tête
Tu vas me trouver conne
Je me suis dit

Elle rit.

Je me suis dit
À QUI LA RUE ?
À MOI LA RUE

Je marchais pis je me suis dit
Dans ma tête
À qui la rue ?
À moi la rue

Elle rit.

Tu pourrais au moins sourire
T'aurais souri avant

Elle s'approche de lui.

Non
Tu souris même pas un peu ?

LE FILS. …

Kim passe son doigt sur la bouche du Fils et appuie sur ses lèvres vers le bas.

KIM. As-tu déjà remarqué qu'y a des gens qui ont une bouche triste
Une légère inclinaison vers le bas
Comme ça
Qui leur donne l'air de porter toute le poids de l'humanité dans leur face ?

LE FILS. …

KIM. Ta sœur fait partie de ceux-là

Elle enlève ses doigts.

Elle m'a demandé si je voulais jouer
À « Ta vie c'est de la marde »
Quand elle m'a expliqué le jeu

J'ai dit non merci
Je pense que j'avais peut-être peur de

Perdre

Bon
Je vas retourner dans ma tanière

Vendredi développement durable

LA MÈRE, *au Fils.* C'est une bonne fille
C'est vraiment une bonne fille
Je peux pas croire que tu nous l'as cachée
Pis je peux pas croire non plus que tu l'as laissée
Celle-là
Cette fille-là
Kim
On laisse pas ça aller
Une fille comme ça
Mon gars

Y a juste son linge que je trouve un peu
Un peu spécial
Mais c'est pas grave
À l'intérieur
C'est une bonne fille
Ça se sent

Six mois
Vous êtes restés six mois ensemble
Juste six mois
J'en reviens pas
Vous vous jetez
C'est ça que vous faites
Vous vous abîmez
Vous vous usez à rien
Pis vous vous jetez
Est-ce que je me trompe ?

LE FILS. ...

LA MÈRE. Y a une fille
À la clinique
Une hygiéniste dentaire
Carolanne
La petite Carolanne
Ça faisait trente-deux ans
Son mari pis elle
Trente-deux ans
Ben sais-tu ce qu'y a fait
Son mari
Le sais-tu?
Ben y l'a redemandée en mariage
Figure-toi

Elle était pas sûre
La petite Carolanne
Au début
Mais elle s'est dit
Pourquoi pas
Peut-être que ça va nous donner un deuxième souffle
Pis elle a aussi pensé à un deuxième voyage de noces
Elle a pensé à ça
La petite maudite de vlimeuse de Carolanne

Elle rit.

Faque elle a accepté
Pis y sont allés passer quelque temps à Cayo Largo
Dans un quatre étoiles
Son mari pis elle
Y sont revenus
La semaine passée
Pis elle nous a dit que son mari y tapait un peu moins sur les nerfs
Que c'était déjà ça de gagné

Que le resort était beau
Que les gens de là-bas étaient fins
Mais que la bouffe était pas terrible

Ça va bientôt faire vingt-six ans
Ton père pis moi
Te rends-tu compte?

LE FILS. ...

LA MÈRE. C'est assez d'années pour connaître quelqu'un
Dans ses moindres détails
Ça

Par exemple
Des fois
Ton père
Y se répète ce qu'y dit en chantant
Mettons
Y va dire quelque chose
Je le sais pas
Moi
Euh
Mettons
Je vas aller dans le garage
Ben là
Y dirait pas ça parce qu'on en a pas de garage
On a pas de garage
Mais on a un boudoir
Mettons que je prends le boudoir
Même si dans les faits
Y dirait jamais ça
Parce qu'y va jamais dans le boudoir
Ton père
Mais c'est pas grave
C'est juste un exemple

Faque mettons qu'y dit ça
Y dit
Je vas aller dans le boudoir
Y me le dit à moi
Pis après ça
Pour lui
Y va se le répéter
Comme en chantant
Genre
Je vas aller dans le boudoir
Y va dire à moi
Je vas aller dans le boudoir
Pis après ça pour lui
Y va se le chanter

Chantonnant.

Je vas aller dans le boudoir

Elle rit.

Vingt-six ans
C'est ça que ça donne
Mon gars

Des détails
Des beaux détails

Je pense qu'y a peur de vieillir
Ton père
Y va nager de plus en plus souvent
C'est presque compulsif
Je pense qu'y le fait pour moi

Elle sourit.

On va faire un dimanche poutine bientôt
On est dus
Mon gars

Mercredi raccourci

LE PÈRE, *au Fils.* J'arrive dans la cuisine
Pis ta mère est là

De dos

L'idée d'y dire la vérité me passe par la tête
Mais se rend pas jusqu'à mes couilles
Pas le courage
Je reste là
Sans bouger

Ta mère est de dos
Dans la cuisine
Elle vide le lave-vaisselle
Pis là
Ça me frappe
Tout d'un coup
Ça me frappe
Elle avait les cheveux longs
Ta mère
Presque jusqu'aux fesses
Quand on s'est rencontrés
À l'époque
Tout le monde appelait ta mère
La belle fille aux cheveux longs

Pis avec le temps
Petit à petit
Sans même que je m'en rende compte
La chevelure de ta mère a raccourci

Des fesses jusqu'au bas du dos
Du bas du dos au milieu du dos
Aux omoplates
Aux épaules
Au cou
À
La
Base
De
La
Nuque
Ta mère était de dos
Pis je me suis dit
Y a des choses qui disparaissent
Sans même qu'on s'en aperçoive
Pis j'ai pensé à Céline
À ses cheveux
Qui sont encore longs
Pis je me suis posé plein de questions niaiseuses
Sur la chevelure des femmes
Pis aussi sur les couilles des hommes
Pis j'en ai conclu que si y a des choses qui raccourcissent
Y en a forcément d'autres qui ramollissent

Le titre du tableau devient tout à coup « Mercredi ramolli ».

Je reste là
J'y parle-tu
J'y parle-tu pas
Je me pose encore la question

Pis là
La porte du sous-sol s'est ouverte
Pis Kim est arrivée

C'était pas le moment
Y faut croire

Bon
Je vas aller à la piscine

En partant, il répète ce qu'il a dit en chantonnant.

Je vas aller à la piscine

Mardi Montréal

LA SŒUR, *au Fils.* Ton premier va chier à maman je m'en rappelle comme si c'était hier ton premier va chier celui qui t'a valu du savon sur la langue y t'a jamais empêché de dire quoi que ce soit après t'avais peur de rien ni du savon ni de l'avenir de rien moi je te regardais faire pis j'avais déjà peur du savon de son mauvais goût sur ma langue de petite fille que je tenais ben serrée pendant que toi tu traitais les parents de toutes les noms pis un jour t'es parti le jour de tes dix-huit ans comme si devenir adulte ça avait une date que c'était une question de temps on a continué de se parler un peu tu m'appelais pour me raconter la ville tu disais y a tellement de monde ici qu'y a pas de place pour cacher ce qui est moins beau tu disais ici on voit toute ce qui dépasse tu me racontais tes voisins le couple de junkies le couple qui travaille chez Ubisoft Kathleen la prostituée super maigre sur le coin d'Ontario tu me racontais quand tu descendais dans la rue en criant à pus avoir de poumons dans toutes les manifestations possibles tu me racontais comment tu te sentais vivre comment ça te donnait l'impression de changer un peu le monde en mettant un pied devant l'autre en plein milieu de la rue pis moi j'angoissais à grandir loin de toi à marcher sur des trottoirs vides à juger mon reflet dans les chars qui shinent trop de la banlieue parce que je me demandais si j'allais être capable de faire ça moi aussi un jour si j'allais grandir avec cette force-là cette force-là que t'avais que t'as pus mon frère t'as abandonné t'as juste abandonné comme un lâche

Pis moi je veux pas abandonner avant d'avoir commencé quelque chose

Elle s'approche de lui.

VA CHIER

Samedi centre d'achats

Kim a plein de sacs de magasinage dans les bras.

KIM, *au Fils.* Je me rappelle même pas la dernière fois
Que j'ai mis les pieds dans un centre d'achats
Je me rappelle même pas la dernière fois que j'ai acheté
Un morceau de linge qui valait plus que cinq piastres
J'ai toujours haï ça
Les centres d'achats
Tu le sais
J'ai résisté
Je te jure
J'ai résisté
Mais ta mère a tellement insisté
Que j'ai pas pu dire non

Elle dépose les sacs par terre.

Ok
Je l'avoue
J'avoue que j'étais un peu tannée
De laver ma petite culotte à tous les jours
Pis que l'idée d'en avoir une paire de plus me titillait
Mais je m'attendais pas à ce que ta mère m'achète pour quatre cents piastres de linge
Quatre cents piastres
Pis c'est sans compter la pédicure
Une pédicure
Peux-tu croire que mes orteils sont comme maquillés

Que mes orteils sont prêts à séduire
C'est épouvantable
J'ai honte

Elle enlève ses chaussures.

Regarde
Regarde mes orteils
Regarde comment y sont féminins

Ta mère était vraiment contente
Elle m'a dit qu'elle pourrait jamais faire ça avec ta sœur
Que ta sœur voulait jamais rien faire avec elle
Surtout pas être vue en public
Elle m'a remerciée au moins trente fois
D'avoir passé la journée avec elle
On a passé toute la journée là-bas
Peux-tu croire
J'ai pus de jambes pus de cerveau
Je suis morte

Elle se laisse choir dans les sacs.

Ça m'a fait du bien

Acheter des affaires
Ça m'a fait du bien
Garçon

LE FILS. …

Dimanche 853,75 $

La Mère entre rapidement dans la chambre.

LA MÈRE, *au Fils.* Où c'est que t'as caché ça?

LE FILS. …

LA MÈRE. Je le sais que c'est toi
Ça peut juste être toi
J'ai demandé à ta sœur
Elle m'a juré que c'était pas elle
Où t'as mis ça?

LE FILS. …

LA MÈRE. En dessous de ton lit?
De ton oreiller?
Dans ton bureau?
Sur toi?
Dans ta bouche?
C'est-tu dans ta bouche que t'as mis ça?
Tu l'as au travers de la gorge
C'est ça?

LE FILS. …

La Mère le fouille rapidement.

LA MÈRE. Si tu veux de l'argent
Tu le demandes
Mon gars
C'est ça que tu veux

De l'argent
Ben demande-le
Demande-le avec des mots
Comme tout le monde
Vas-y
Dis-le
Maman s'il te plaît
Me prêterais-tu de l'argent
Je vas te le remettre
T'es habitué pourtant

Combien de fois tu m'as appelée pour me demander ça
Dans les dernières années
Combien de fois
Hein ?
Je les compte pus
Comme j'ai arrêté de compter ce que tu me devais

Tu t'arrangeais toujours pour faire pitié
Pis ça marchait à chaque fois
Tu le savais que je pouvais pas dormir
En sachant que tu mangeais pas à ta faim
Y a pas une mère qui dort
Si ses enfants mangent pas à leur faim

LE FILS. …

LA MÈRE. Pis là
T'as osé
T'as osé nous voler de l'argent
Mon gars
T'es sorti de ta chambre
T'as roulé jusque dans la nôtre
T'as fouillé dans notre commode
Pis t'as pris ce qu'y avait dedans
Y avait combien ?

LE FILS. …

LA MÈRE. Je suis pas mal certaine qu'y avait presque mille piastres là-dedans
De toute façon
Je m'en fous de combien y avait
Je veux juste pas que tu voles
Je veux juste pas que mon fils vole
Je veux que mon fils me demande de l'argent
Si y en a besoin
Poliment
En montant un peu sa voix
Pour surjouer la gentillesse
Pis la reconnaissance
Comme tout le monde
Demande-moi de l'argent
C'est ça que tu veux?
Demande-moi-le
Gêne-toi pas
Demande-moi-le

LE FILS. …

LA MÈRE. Demande-moi de l'argent sinon je te remets dans le boudoir

Plus longtemps que la dernière fois

Pis je vas mettre la musique plus forte

Pis je vas fermer la lumière

Vas-y
Demande-moi de l'argent

DEMANDE-MOI DE L'ARGENT

LE FILS. …

La Mère s'avance vers le Fils.

Lundi Living on my Own

La Mère pousse la chaise roulante du Fils dans le boudoir. Elle s'arrête, appuie sur le frein de sécurité et sort. Noir. Living on my Own *de Freddie Mercury pendant un long moment.*

LE FILS. …

Puis la lumière se rallume. La Mère revient chercher le Fils.

Vendredi deux et demie

LE PÈRE, *au Fils.* Je suis rentré
J'ai dit au proprio
C'est pas très lumineux
Pis y m'a regardé
Comme si
Ben comme si j'étais pas une lumière justement
Pis y a dit
T'as juste à allumer une lumière
Si tu veux que ce soit plus lumineux
Y a allumé la lumière
Regarde comment c'est plus lumineux astheure

J'ai ri

Pas lui
Y était sérieux

C'est un petit deux-pièces

C'est modeste
Y a pas de laveuse
Pas de sécheuse
Une couple de meubles
L'essentiel
Pas besoin de plus pour l'instant
Une table de cuisine
Un lit
Ça va juste être pour en attendant
Je veux dire

Quand je vas toute dire à ta mère
Je vas aller vivre là
En attendant
En attendant la suite

J'y ai fait un chèque
Six mois de loyer
Y m'a laissé les clés
Pis y est sorti

Je me suis assis à terre
Pis
Pis j'ai regardé chaque mur

Longtemps

Pis je me suis dit
C'est à moi
Ces murs-là
Pis tout ce qui se passe entre
C'est à moi
Ça m'appartient
À moi
C'est mon endroit à moi
Pis là
C'est bizarre
Ce que je vas te dire mais
Ah non
Je peux pas te dire ça
C'est trop

La première chose que j'ai faite
C'est
Je me
Je me suis
Je me suis masturbé

C'est bizarre
Hein ?

LE FILS. …

LE PÈRE. En tout cas
C'est pas loin de la piscine

Pas loin de Céline

Samedi sauce

LA SŒUR, *au Fils.* Maman m'a traitée de petite voleuse
Elle pensait que j'y avais volé de l'argent
Je ferais jamais ça

C'est-tu toi ?

LE FILS. …

LA SŒUR. C'est pas moi
J'y ai répété au moins vingt fois
À Maman
Elle a fini par me croire
Quand j'ai commencé à brailler
Y faut dire qu'avec la mèche de cheveux qu'elle tirait
C'était difficile de faire autrement

C'est-tu toi ?

LE FILS. …

LA SŒUR. Si c'est pas moi
Ça peut juste être toi

En tout cas
Elle s'est excusée
Pis pour se faire pardonner
Elle m'a dit qu'y aurait un dimanche poutine bientôt
Qu'on avait vraiment besoin de se retrouver
Ensemble
Autour d'une bonne poutine
Comme avant

Elle pense que ça nous excite encore

Pourtant
Ça va sûrement être comme la dernière fois
Le dimanche poutine avant que tu partes
On va manger de la poutine
Ensemble
Maman va être déçue
Parce qu'on réagira pas
Comme quand on était des enfants
Elle va faire la remarque
Ça va faire un frette
Tout le monde va se la fermer
Moi je vas me concentrer sur ma poutine
Pis je vas me demander
Comme à chaque fois
Si la personne qui a inventé ça était pauvre pis désespérée
Pis qu'elle a juste sacré ce qui y restait
Ou ben si elle y avait pensé
Longtemps pensé
Pis qu'elle trouvait que ça avait du sens ensemble
Toutes ces ingrédients-là qui vont pas ensemble d'habitude
Je veux dire
Ça fait quand même une différence de savoir ça

Je demande

EST-CE QUE MANGER DE LA POUTINE FAIT DE NOUS DES LOSERS OU DES PERSONNES CRÉATIVES?

LE FILS. …

LA SŒUR. J'ai toujours pas la réponse
Mais je sais que c'est la sauce qui fait que ça se peut
C'est la sauce qui fait fondre le fromage

Pis ramollir les frites
Pour lier toute ça ensemble
C'est juste à cause de la sauce

Tu penses pas
Mon frère ?

LE FILS. …

LA SŒUR. De toute façon
Peut-être que je serai pas au prochain dimanche poutine

Je pars dans trois samedis

Lundi transformation

Kim est sur le pas de la porte, cachée.

VOIX DE KIM. Ok
Ferme tes yeux

LE FILS. ...

VOIX DE KIM. Y sont-tu fermés là ?

LE FILS. ...

Kim entre sa tête dans l'embrasure de la porte en cachant son visage.

KIM. Bon
On va dire qu'y sont fermés
Ok

Je rentre là
Je rentre
Ok

Dans trois
Deux
Un

Elle entre.

TA-DAM

Elle est vêtue d'une belle robe noire assez chic, elle est maquillée et elle porte des talons. Elle rit.

Comment tu me trouves ?

LE FILS. …

KIM. C'est bizarre hein
On dirait que je m'en vas dans un gala
Ou quelque chose
Tu trouves pas ?

Elle rit.

LE FILS. …

KIM. C'est ta mère qui voulait me l'acheter
Celle-là
Elle a dit que c'était un must dans une garde-robe
C'est plus un maybe pour moi
Mais bon
On sait jamais

Elle marche un peu.

J'ai une petite gestion de talons hauts
Mais je garde l'équilibre
Regarde

Elle arrive devant lui.

Tu me trouves-tu belle de même ?

LE FILS. …

Kim se penche et s'assoit à côté de lui. Puis elle commence à le masturber. Long moment.

Vendredi chute

Bruit de moteur électrique. La Grand-mère passe lentement dans l'espace sur sa chaise roulante électrique. Elle s'arrête, ouvre une radio portative. Rythme.

LA GRAND-MÈRE. Si
Si mon corps
Si mon corps tombe
Si mon corps tombe du lit
Si mon corps tombe du lit pendant
Si mon corps tombe du lit pendant la nuit
Si mon corps tombe du lit pendant la nuit y a-tu
Si mon corps tombe du lit pendant la nuit y a-tu quelqu'un
Si mon corps tombe du lit pendant la nuit y a-tu quelqu'un qui va
Si mon corps tombe du lit pendant la nuit y a-tu quelqu'un qui va l'entendre ?

Elle éteint la radio. Elle repart.

Mercredi cauchemar

La nuit, la Mère dans la chambre du Fils.

LA MÈRE, *au Fils.* Personne avait de face
Nos têtes
C'était des morceaux de fromage en crottes
Pis nos bras
Nos jambes
C'était des frites
On était toutes autour de la table
Sauf toi
Pis là
T'es arrivé
T'étais normal
Je veux dire
T'étais pas fait en fromage pis en frites
Comme nous autres
T'étais normal
Tu marchais
Même
T'avançais vers nous
Pis tu souriais aussi
T'es arrivé à la table
Pis t'as pris le chaudron de sauce à poutine
Au milieu de la table
Tu l'as pris
Avec tes mains nues
Tu criais
Parce que c'était chaud

Tu criais fort
C'était épeurant
J'avais peur
Mais on pouvait rien faire
Pis après
Dans un grand geste
Tu nous as lancé la sauce à poutine dessus
Sur ton père
Sur ta sœur
Sur Kim
Pis sur moi
Sur tout le monde
Ça a revolé partout
Les murs de la cuisine ont même fondu
Pis Kim a commencé à courir
Elle courait dans la rue
Sans crier
Parce qu'elle avait pas de bouche
Elle courait
Dans le silence de la nuit
Elle courait
Mais ses jambes en frites ramollissaient à cause de la sauce
Pis là
Y a eu un gros flash
Comme un flash de photo
Pis je me suis réveillée

Jeudi job

LE PÈRE, *au Fils.* J'ai eu une bonne idée
Mon gars
Tu vas haïr ça
Tu seras pas d'accord
Mais je continue de penser que c'est une bonne idée quand même

Y cherchent des stagiaires au bureau

Des stagiaires avec un baccalauréat
Idéalement en administration
Mais je pense que si on colle toutes tes bouttes de baccalauréats
Ça doit ben finir par en donner au moins un
Tu penses pas?

LE FILS. …

LE PÈRE. En tout cas
C'est pas grave
Au pire
On va trafiquer ton CV
Ça va marcher
La job
C'est pas compliqué
C'est surtout de la compilation de données
Aligner des chiffres
Dans des colonnes
Y faut juste être un peu vif d'esprit pis maîtriser Excel
Pis le reste se fait tu-seul

Tu travaillerais pour tous les comptables de la place
C'est un poste d'assistant
T'aurais ton petit bureau
Juste pour toi
Je te le dis
C'est pas compliqué
Pis c'est quand même assez bien payé
Je pense que c'est une bonne solution à court terme
Pense court terme
Mon gars
Y faut y aller un trimestre à la fois
Eille on travaillerait ensemble
Ça serait drôle
Non ?

LE FILS. …

LE PÈRE. J'aurais jamais pensé te faire cette proposition-là
Un jour
Mais dans les circonstances
On dirait que ça se peut
On a toujours été vraiment différents
Nous deux
Pis là
On dirait
On dirait qu'on se rapproche
Tape là-dedans

LE FILS, *ne bougeant pas.* …

LE PÈRE. Bon
Ok
On est peut-être pas rendus là
Toi pis moi
Pas rendus à se faire des high five
Même si je me sens buddy buddy avec toi maintenant

Tu trouves pas qu'on est buddy buddy
Vous dites ça
Vous autres
Non ?
On est buddy buddy?

Non ?

LE FILS. …

LE PÈRE. Peut-être pas

En tout cas
Penses-y pour la job
Penses-y
Mon gars

Lundi intégration

KIM, *au Fils.* Juge-moi pas
Je me suis découvert un genre de penchant
Pour les émissions de décoration intérieure
Je pense qu'y a dix émissions différentes
Qui passent chaque jour
Pis je me tanne même pas
Pourtant c'est vraiment quétaine
Ce qu'y font
Les designers
La plupart du temps
Mais y a une partie de moi qui pense que je serais capable de faire mieux qu'eux autres
Tu me verrais-tu designer d'intérieur?

LE FILS. …

KIM. Les arts visuels pis le design d'intérieur
C'est quand même connexe
Non?

LE FILS. …

KIM. Peut-être que j'ai trop écouté la télé
Je suis aussi coupable d'avoir braillé en écoutant
« La vie à six cents livres »
La pauvre Maggie qui a pas perdu assez de poids
Pour se faire brocher l'estomac
Pis qui a manqué la graduation de son fils

Je rattrape le temps perdu

J'imagine
J'en ai jamais eu de télé

C'était pas une priorité pour ma mère
Quand elle est débarquée ici
Avec presque rien
Juste d'avoir un toit
C'était assez
Quand elle a décidé d'aller vivre à Toronto
J'y ai dit que si on avait eu une télé
Elle aurait mieux appris le français
Pis qu'elle se serait mieux intégrée ici
Elle m'a dit
Peut-être que t'as raison
Ma fille

Elle a toujours trouvé le français trop compliqué
Pis là
Elle avait le goût de vieillir en anglais
En potinant avec ses cousines viets de Toronto
Elle a dit que ça allait être plus reposant
Pis plus drôle

Elle voulait que je vienne avec elle

Mais je voulais rien savoir
D'aller vivre là-bas
De toute façon
J'avais déjà commencé mon bacc
Ici
Quand j'y ai dit ça
Elle est revenue sur le fait qu'elle comprenait pas
Pourquoi j'avais choisi
Arts visuels
Que ça servait à rien
Que ça m'assurait pas un avenir réjouissant
Pis comme d'habitude

Elle a fini par me dire
Tant que t'es heureuse
Ma fille

À chaque fois qu'on s'entend pas sur quelque chose
Elle répond ça
Tant que t'es heureuse ma fille
Si la vie
C'était juste une question de bonheur
Ça serait simple

Pis quand elle est déménagée là-bas
Elle m'a appelée
Pis elle m'a dit
Kim Kim
Tu sais pas quoi

J'ai acheté une télé

Elle rit.

Je t'avais jamais raconté ça
Hein?

LE FILS. …

KIM. On s'était pas toute dit
Y faut croire
Garçon

Pis quand la grève a commencé
Elle arrêtait pas de m'appeler
Pour me parler des images violentes qu'elle voyait dans sa nouvelle télé
Pis pour me dire de rester chez nous
À l'abri
À l'abri elle disait

J'y ai jamais dit que j'allais à toutes les manifs
J'y ai jamais dit que pour une fois

Pour une ostie de fois
J'étais pus celle qui vient d'ailleurs
J'étais pus la minorité de service
Pour une fois
Je faisais partie d'un groupe
J'étais la jeunesse

La jeunesse québécoise

J'y ai pas dit ça

Ça servait à rien
Elle aurait pas compris
Mais j'y ai dit que j'avais rencontré un garçon par exemple

Elle a pas posé de questions
Elle a juste dit
Le printemps t'a eue
Ma fille

Y m'a eue
Oui

Y nous a eus
Garçon
Hein?

LE FILS. …

Samedi responsabilités

LA MÈRE, *au Fils.* On fait pas tout le temps ce qu'on veut dans la vie
Mon gars

Penses-tu que c'était mon rêve de devenir hygiéniste dentaire ?
Penses-tu que c'était le rêve de petite fille de la petite Carolanne
De devenir hygiéniste dentaire ?

LE FILS. …

LA MÈRE. C'est le rêve de personne de nettoyer la bouche du monde
En leur répétant de bien brosser
Trois fois par jour
Pis de surtout pas oublier la soie dentaire

De toute façon
Rêver
Ça fait perdre du temps

Moi j'ai pris mes responsabilités
J'étais enceinte de toi
Pis juste avec le revenu de ton père
C'était pas possible
J'ai pris mes responsabilités
J'ai fait ma formation d'hygiéniste dentaire
Pis j'ai commencé à travailler
À gagner ma vie

Je te le répète encore une fois
Mon gars
La job que ton père te propose
C'est ta meilleure option

Tu vas la prendre
La job

Tu vas la prendre
Ok ?

LE FILS. …

LA MÈRE. Voyons
Ça sent donc ben les œufs pourris
Tout d'un coup
Je

Elle sort.

VENDREDI KAMIKAZE

LA SŒUR, *au Fils.* L'Halloween
Dans une école privée avec uniforme
C'est le seul moment dans l'année
Où tu peux révéler ta vraie nature

Les bitchs en ont profité pour se déguiser
En infirmières sexy
En policières sexy
En diablesses sexy
En bonnes sexy
En chattes de gouttière sexy
En prisonnières sexy
Pis crois-le crois-le pas
En citrouilles sexy

Moi
Ça m'a pris beaucoup de temps pis beaucoup de tape
Pour réussir mon costume de kamikaze

Elle enlève son manteau et révèle son costume.

Toute ça pour semer la terreur dans les corridors
Un gros quinze minutes
Avant de me faire repérer par la direction
Pis de me faire suspendre

Y pensent que j'ai lâchement raté mon attentat
Mais la terroriste ratoureuse que je suis jubile
Parce qu'y ont réagi exactement comme je voulais

Pas d'école jusqu'à nouvel ordre
Je lâche du lest
Avant de partir
Mon frère

As-tu peur ?

LE FILS. …

LA SŒUR. Tu devrais
Parce que je m'apprête à commettre un acte terroriste sur toi

Elle s'approche du Fils, elle lui met une perruque et des lunettes. Elle le conduit devant un miroir.

Les vieux
C'est comme les bébés
Y finissent par toutes se ressembler
Tu trouves pas ?

LE FILS. …

LA SŒUR. Mais même si y se ressemblent
Y en a des plus laids que d'autres

Comme Grand-Maman

Grand-Maman a toujours été de celles-là
Les pas jolies-jolies
De celles dont la peau s'est flétrie
Pas juste avec le temps
Mais avec la peur
Pis surtout beaucoup avec la fumée de cigarette

Tu peux pas ressembler à autre chose qu'à un vieux botch
Quand t'as soixante années d'expérience dans la cigarette

Grosse noirceur
On l'appelait tout le temps

Joyeuse Halloween
Mon frère

Mercredi médiocrité

Kim est assise avec, sur les genoux, un contenant en forme de citrouille. Elle mange des bonbons d'Halloween.

KIM, *au Fils.* Je me souviens de la dernière fois que t'es allé voir ta grand-mère à son centre parce que c'est la seule fois où je t'ai vu brailler t'es revenu chez nous en braillant pourtant tu savais qu'elle avait beaucoup régressé qu'elle était pus toute là pis qu'elle avait maigri mais t'as pogné de quoi en maudit quand tu l'as vue dans son lit dans sa chambre elle dormait t'es resté environ une heure pis elle s'est jamais réveillée tu l'as juste regardée dormir pendant une heure pis toute ce que t'as été capable de ressentir c'est de la pitié c'est ça que tu m'as dit en rentrant t'as ressenti de la pitié parce qu'au final ta grand-mère avait jamais vraiment eu de rêves pis son but dans la vie avait été celui de se rendre au bout sans trop de souffrances pis qu'elle avait réussi pis tu m'as conté la fois où elle vous avait fait à souper à quatre heures et demie de l'après-midi à ta sœur pis toi pis qu'elle avait dit « comme ça ça va être faite » que cet exemple-là résumait à lui tu-seul la vie de ta grand-mère

« Comme ça
Ça va être faite »

Tu pleurais parce que t'avais honte d'avoir ressenti de la pitié mais tu pouvais pas faire autrement parce que cette médiocrité-là t'effrayait je t'ai pris par le bras pis on est allés à la manif du soir ce soir-là on a marché sur notre manque de démesure d'ambition pis d'irrévérence ce soir-là on a crié plus fort que les autres soirs pis on a même failli se faire arrêter par un policier qui avait une face de pitbull tu t'en rappelles-tu ?

LE FILS. …

Mardi double

Le Père entre, il semble avoir bu. Il aperçoit le Fils, qui porte toujours une perruque et des lunettes.

LE PÈRE. Maman ?

LE FILS. …

Le Père s'approche du Fils lentement.

LE PÈRE. Maman ?

LE FILS. …

Le Père s'accroupit sur son Fils, comme ému de retrouver sa mère.

LE PÈRE. Je m'excuse
Je m'excuse
Maman
Je suis pas venu te voir
Depuis longtemps
C'est que je vois Céline
Je m'excuse
Maman

Ce soir
J'ai bu
Maman
Je fais pas souvent ça
J'étais à l'appartement
J'ai bu
Je bois des fois

Là-bas
À l'appartement
Je bois
Pendant que le monde tombe
Je bois
Je le noie
Le monde
Je le vois double
Le maudit monde
Ça me donne l'impression qu'y a d'autres possibilités
J'étais ben
À l'appartement
Mon appartement
Le mien
J'ai passé la soirée
Là-bas
À écouter de la musique que je prends pus le temps d'écouter
À rêver ma vie que je prends pus le temps de rêver
Assis dans le salon
J'étais ben
À boire du vin
Une bouteille
Deux bouteilles
J'ai perdu le compte
Je fais pas souvent ça
Mais j'avais
J'avais soif
Soif de ça

Tu comprends
Maman ?

LE FILS. …

LE PÈRE. Je vas recommencer
Maman

Y faut que je parle à ma femme
Je vas y parler bientôt
Je vas reprendre le contrôle de ma vie
Ça va péter
Toute ça va péter

Dis-le que je suis un fils ingrat
Un écœurant
Un dégueulasse
Dis-le
Maman
Dis-le que je suis juste un gros dégueulasse
VAS-Y
DIS-LE

LE FILS. …

LE PÈRE. TU PEUX LE DIRE
J'AI BESOIN QUE TU ME LE DISES
J'AI BESOIN DE L'ENTENDRE
DIS-LE
JE
SUIS
UN
GROS
ÉCŒURANT
DIS-LE
S'IL TE PLAÎT
MAMAN

LE FILS. …

Dimanche miroir

La Grand-mère apparaît dans un épais nuage de fumée orange qui rappelle une explosion au napalm. Elle se dirige, toujours en chaise roulante électrique, vers le Fils. Elle s'arrête devant lui ; tous deux se ressemblent.

LA GRAND-MÈRE, *au Fils.* Est
Est-ce qu'on
Est-ce qu'on est
Est-ce qu'on est rendus
Est-ce qu'on est rendus à
Est-ce qu'on est rendus à la fin ?

LE FILS. …

LA GRAND-MÈRE
Ai peur
Ai tellement eu peur toute ma vie
Ai tellement eu la chienne
Pis ai aussi eu un chat qui s'appelait Nikki comme dans « Les feux de l'amour »
Ai perdu mon mari à vingt-sept ans
Ai vu mon mari faire une crise cardiaque pendant le souper
Ai vu mon mari partir trop tôt
Ai pas eu le temps d'être triste
Ai été obligée de prendre mes responsabilités
Ai commencé à travailler comme secrétaire dans une école secondaire

Ai travaillé toute ma vie comme secrétaire dans une école secondaire
Ai jamais compris les jeunes
Pense même que ai jamais compris c'est quoi être jeune
Ai été une mère
Ai été vite une veuve
Pis ai élevé mon fils tu-seule
Ai jamais rien voulu savoir des autres hommes
Ai jamais voulu retomber en amour
Suis jamais retombée en amour
Étais là pour mon fils
Juste pour mon fils
Ai prié pour mon fils
Ai pas arrêté de croire en Dieu
Quand tout le monde a arrêté d'y croire
Me suis accrochée à lui
Ai continué de prier
Ai envoyé des affaires dans les airs
En espérant que ça retombe quelque part
Ai fumé des cigarettes en attendant
Ai toujours fumé des cigarettes
Ai cuisiné des repas légume féculent viande
Ai lavé des draps pis des draps
Ai passé le balai la balayeuse
Ai regardé beaucoup la télé
Ai toujours aimé la télé
Ai jamais eu de passions en dehors de la télé
Ai jamais eu d'activités
Ai essayé
Mais aimais rien
Ai jamais voyagé
Ai découvert le monde à Expo 67
Ai trouvé le monde ben trop grand
Ai trouvé que ça faisait peur

Me suis concentrée sur ce que connais
Juste sur ce que connais
Pis ce que avais
Ai regardé mon fils devenir un homme
Ai regardé mon fils partir faire sa vie
Ai vu la famille s'agrandir
L'ai vu avoir des enfants
Ai gardé mes petits-enfants
Ai vu mes petits-enfants grandir
Pis pus avoir besoin de gardienne
Ai pris ma retraite
Ai commencé à me sentir de plus en plus inutile
De plus en plus loin
Ai fumé encore plus de cigarettes
Ai attendu à côté du téléphone
Ai attendu que mon fils appelle
Ai attendu que mes petits-enfants appellent
Ai écouté encore plus la télé
Mais ai commencé à l'écouter de plus en plus fort
Ai monté le volume
Ai commencé à m'enterrer tu-seule avec le son de la télé
Me suis enterrée avec TVA TQS Radio-Canada Radio-Québec
Me suis enterrée avec « Salut Bonjour » « Les feux de l'amour » « La poule aux œufs d'or » « Les détecteurs de mensonges » « Lingo » Jean-Luc Mongrain
Ai arrêté de sortir même pour prendre des marches
Ai commencé à avoir encore plus peur
Ai commencé à oublier des affaires
Ai commencé à pus savoir où est-ce qu'avais mis les clés de la maison
Ai déménagé dans plus petit
Ai accepté la proposition de mon fils
Ai déménagé dans un bloc de vieux semi-autonomes

Ai commencé à haïr les autres vieux maudits malcommodes
Ai eu de moins en moins de visites
Faque ai monté encore le son de la télé
Ai commencé à devenir sourde de toute
Ai failli mettre le feu aux autres vieux parce qu'une fois ai oublié que fumais une cigarette
Ai été obligée de déménager dans encore plus petit
Ai été placée dans un centre
Ai été placée dans une chambre
Ai commencé à manquer d'air
Mais au moins avais encore une télé
Ai commencé à pisser dans mes culottes
Ai commencé à porter des couches
Ai commencé à pus sortir de mon lit
Ai commencé à devenir sénile malcommode
Ai commencé à me faire toucher par des madames que connais pas
Ai commencé à pus rien reconnaître autour
Ai commencé à être agressive
Ai commencé à être médicamentée pour pus être agressive
Ai commencé à me sentir calme
Étrangement calme
Ai continué à écouter la télé devant mon lit
Pis à entendre la télé des autres qui regardent d'autres affaires
Ai commencé à pus entendre des mots
À juste entendre des sons
Ai commencé à pus sentir mon corps
Ai commencé à pus rien comprendre

Ai-tu finalement passé au travers?
Ai-tu finalement passé au
Ai-tu finalement passé
Ai-tu finalement

Ai-tu
Ai

LE FILS. …

La Grand-mère disparaît mystérieusement.

Lundi ayoye

La Mère enlève la perruque et les lunettes du Fils.

LA MÈRE, *au Fils.* Va chier
Elle m'a dit va chier

Ça
C'est pour ta sœur
Que t'entraînes avec toi

Elle le gifle.

Mardi plongeon

Le Père fait les cent pas dans la chambre du Fils.

LE PÈRE, *au Fils.* Ok ok ok
J'y vas
J'y vas là
Mon gars
Je descends là
Ta mère est en bas
Elle est dans la cuisine
Je descends là
Regarde-moi ben
Regarde-moi ben descendre les escaliers
Pis aller parler à ta mère
C'est le moment
De toute façon
J'ai pas le choix
Céline m'a donné un genre d'ultimatum
Si t'as pas les couilles pour parler à ta femme
T'as pas les couilles pour être avec moi
C'est ça qu'elle a dit
Pis elle m'a dit de pas revenir la voir
Tant que j'ai pas parlé avec ta mère
Je peux pas aller à la piscine
Je peux pas aller voir Céline
C'est pour ça que
J'y vas là
C'est bon
Je descends

Je me sens
Je me sens comme sur le bout d'un tremplin
Mon gars
C'est ça
Le moment juste avant de sauter
Ce moment-là où tu sais pas exactement
Comment tu vas atterrir
Pis si tu vas pogner un flat
Ou pas
Pis si t'en pognes un
Où tu vas le pogner
Ton flat
Pis tu pries que ce soit pas les couilles justement
Tu te dis
Mon Dieu
Tout mais pas les couilles
On revient encore à ça
Aux couilles
C'est de là que ça part
Toute ça
La vie
L'amour
Ça fait que je les prends à deux mains
Les miennes
Mon gars
Pis j'y vas
Ok
C'est assez là
Je plonge
Mon gars

JE PLONGE

Il sort en courant.

Samedi départ

La Sœur arrive avec du matériel de camping plein les bras. Elle porte des leggings et un large chandail sur lequel est écrit « BE YOURSELF ».

LA SŒUR, *au Fils.* Je suis prête
Mon frère
Je suis prête

Je me suis maquillée un peu
Pour camoufler mes seize ans
Quel âge tu me donnes ?

LE FILS. …

LA SŒUR. Moi j'ai l'impression d'avoir vieilli de dix ans
En une nuit
Je me sens plus femme
Plus forte
J'ai même hésité à voler une paire de souliers à talons hauts à maman
Mais je me suis dit qu'avec la marche que j'allais faire
C'était pas pratique
J'y en ai juste pris un finalement
Pour me défendre si jamais quelqu'un m'attaque

Je suis prête
Enfin prête
J'ai lâché ma job
J'ai retiré toute mon argent

Je suis autonome
Trouves-tu que j'ai l'air d'une femme libre ?

LE FILS. …

LA SŒUR. Je sais pas exactement où je vas aller
Mais je pensais m'installer sur le mont Royal pour commencer
Je vas mettre à profit toutes ces années de camping en famille
J'ai pris la tente familiale quatre places
Qui prenait la poussière dans le sous-sol
Ça m'a pris du temps la trouver
Kim a changé toutes les choses de place
J'ai même pas reconnu le sous-sol
Quand je suis descendue
Elle a juste dit qu'elle avait un beau projet
En tout cas
J'ai pris la tente
Pour en faire ma maison
Ma maison à moi
Je vas dormir en maudite grosse étoile
Pis prendre la place de quatre personnes à moi tuseule

Inquiète-toi pas pour moi
Je suis prête
Mon frère

Pour que les parents se doutent de rien
J'ai fait comme dans les films
J'ai fait une grosse boule dans mon lit
Avec du vieux linge
Mon vieux linge de petite fille

J'ai pris toute ce que j'avais de rose
Pis j'ai faite une petite fille qui dort avec

Après j'ai pris ma couette
Pis je l'ai abrillée tranquillement
La petite fille qui dort

Avant de partir
J'ai regardé ma chambre
Comme il faut
Ben comme il faut
Une dernière fois
Pis j'ai eu l'impression qu'y avait un cadavre dans mon lit
Que cette petite fille là était morte
Dans le fond

J'ai souri
Pis j'ai fermé la porte

Je vas passer par la fenêtre de ta chambre
À cause du treillis
Du treillis qui se rend jusqu'en bas

Elle s'approche de la fenêtre et lance son matériel. Puis elle revient vers son frère.

Je t'aime
Mon frère

Elle le serre dans ses bras.

Ah t'as pété
Tu pues du pet
C'est dégueulasse

Elle s'éloigne et disparaît par la fenêtre.

Mercredi encore

KIM, *au Fils.* Aimer quelqu'un c'est haïr les mêmes choses que lui

Tu disais ça souvent
T'en rappelles-tu ?
Aimer quelqu'un c'est haïr les mêmes choses que lui
Je trouvais ça beau
Pis je trouvais que t'avais raison
Mais je suis fatiguée de haïr
Garçon

LE FILS. …

KIM. L'argent de ta mère
C'est moi qui l'a volé

Mais je vas y remettre
Un jour
Je considère ça comme un emprunt
Juste comme un emprunt

Quand je suis débarquée ici
Y a une couple de semaines
C'est parce que je savais pas où aller
Je savais pus où aller
Mes colocs m'ont sacrée en dehors de chez nous
Je leur devais trois mois de loyer
Plus une couple d'épiceries
On s'est engueulés
Pis je suis partie

J'ai marché jusqu'à chez toi
Jusqu'à ton appart
Presque comme un automatisme
Pis c'est là que ton coloc m'a dit ce qui t'était arrivé
Comme j'avais un peu plus que 3,25 $ dans mes poches
J'ai décidé de prendre l'autobus
Pour venir jusqu'ici

Je m'attendais pas à te trouver dans cet état-là
Je m'attendais à ce qu'on se crie après comme d'habitude
Je m'attendais pas à rester aussi longtemps
Je m'attendais pas à me sentir aussi calme
Je m'attendais pas à

Je t'aime encore
Gros con

Je t'aime
Gros con de garçon

Pis je veux aimer les mêmes choses que toi
T'entends?

LE FILS. …

KIM. Là
Je suis en train de transformer ton sous-sol
Un extreme make over
Qui va donner envie à tout le monde de vivre dedans
Tellement ça va être beau
J'ai besoin de faire ça
C'est cave
Mais j'ai besoin de faire quelque chose de concret pour une fois
Avec mes mains
Pis ma tête

Je vas avoir fini pour le dimanche poutine qui s'en vient

Pis après ça
Je vas partir
Garçon

Pis j'aimerais ça que tu viennes avec moi
Qu'on se calme
Qu'on arrête de se battre
Qu'on s'occupe de nous un peu
Qu'on fasse comme tout le monde
Qu'on s'installe quelque part qu'on pourrait appeler chez nous
Pis qu'on fasse quelque chose de concret
Quelque chose comme
Un enfant
Peut-être

On a 853,75 $ pour recommencer

Vendredi quelque chose

LA MÈRE, *au Fils.* C'est juste le début de novembre
Pis y neige déjà
As-tu remarqué
Les flocons sont légers
On dirait de la cendre

LE FILS. …

LA MÈRE. Ton père était dans un drôle d'état
Y est encore parti nager à la piscine
Kim est dans le sous-sol
Mais elle veut pas que je descende
Parce qu'elle fait du réaménagement
Pis elle veut me faire la surprise
Ta terroriste de sœur est dans sa chambre
À dormir comme une grosse paresseuse
Toi
T'es dans la tienne
À regarder la vie te passer dans la face

C'est calme
C'est calme ici dedans

Ce calme-là
Cette tranquillité-là
C'est ce que j'ai toujours voulu pourtant
Quand je pense au bonheur
Je pense au calme
Pourquoi

Ça
Me
Pèse ?

LE FILS. …

LA MÈRE. Entre le calme pis l'ennui
La ligne est mince
On dirait

Je pensais à ça
Dans la cuisine en bas
Quand le téléphone a sonné
L'as-tu entendu le téléphone
Y a sonné
J'ai fait le saut
Ça m'a fait faire le saut
Le téléphone

C'était
C'était le centre

Elle est morte cette nuit
Ta grand-mère

Tu-seule

Elle est tombée de son lit
Elle a fait une hémorragie
On l'a retrouvée ce matin
Elle baignait dans son sang
Une brèche dans son crâne

Après avoir raccroché
Je me suis rassise
Pis je me suis imaginée mourir
Moi aussi
Là
Tu-seule

Dans la cuisine
Dans ce silence-là

Je voudrais pas mourir dans ce silence-là
Je veux pas mourir dans ce silence-là
Je suis montée pour te dire que c'est assez
Mon gars
Que ça peut pus continuer comme ça
C'est assez
Ok
C'est assez là
On a compris
Presque deux mois que t'es ici
Presque deux mois que t'as pas dit un mot
C'est assez là
T'entends-tu?

LE FILS. ...

LA MÈRE. Tu vas recommencer à parler
Pis bientôt tu vas te lever
Tranquillement
Tu vas recommencer à marcher
Réapprendre à mettre un pied devant l'autre
Comme tout le monde
Tu vas marcher
Tu vas accepter la job au bureau de ton père
Tu vas te refaire
Je te demande même pas d'être comme nous autres
Je l'ai compris ça
Tu feras les choses à ta façon
Mon gars
Quand tu te seras sorti la tête de l'eau
Tu vas retourner à l'université si tu veux
Tu vas finir les études que tu veux
Tu vas finir quelque chose

Pis peut-être que tu vas te rendre compte que Kim t'aime encore
Elle me l'a dit qu'elle t'aimait encore
Tu vas peut-être retourner avec elle
Tu vas l'aimer
Tellement l'aimer
Tu vas peut-être même y faire des enfants
Tu vas t'installer quelque part
En ville
C'est la ville que t'aimes
On l'a compris ça
Tu te prendras un appartement
Tu vas le louer si t'as pas d'argent pour acheter
Pis ça va être correct
Pis je te promets que je dirai rien sur les murs qui sont croches
Je te promets que je dirai pas que c'est trop petit
Pis tu vas finir par trouver une job que t'aimes
Dans le domaine que t'auras choisi
Dans les arts si tu veux
Tu vas m'expliquer comment tu fais les choses
Parce que je comprends pas trop ces affaires-là
Pis tu vas nous inviter à souper des fois
Ça te tentera peut-être pas au début
Tu vas peut-être le faire par obligation
C'est peut-être même Kim qui va te rappeler de nous inviter
Pis tu vas te rendre compte que ça peut être agréable
Tu vas peut-être faire des dimanches poutine
Toi aussi
Tu vas prendre soin de toi
Soin de Kim
Soin de tes enfants
Soin de nous autres
Pendant qu'on s'affaiblit

Pis comme tout le monde
Tu vas regarder les nouvelles
Le soir
En rentrant du travail
Fatigué
Pis tu vas te dire que t'es chanceux
Chanceux de vivre loin des bombes
Loin de toutes les guerres
Pis tu vas aller donner un petit bec sur le front de tes enfants
Pendant qu'y dorment
Pis tu vas aller rejoindre Kim
Pis t'endormir avec un sourire dans la face
C'est ça que tu vas faire
Tu m'entends?
Pis quand je vas être sur mon lit de mort
Tu vas être là
Tu vas me tenir la main
Tu vas m'empêcher de mourir tu-seule
Tu vas me dire des choses réconfortantes
Tu vas me dire que tu t'excuses
Pour toutes les fois où tu m'en as fait baver
Tu vas me dire je t'aime
Dans tes mots à toi
Pis on va oublier tout ça
Tout oublier
C'est ça que tu vas faire
Tu vas toute faire ça
Ok?
À ta façon
Ok?

LE FILS. …

LA MÈRE. Y faut juste que tu dises quelque chose
Mon gars

Un mot
Juste un
Le premier
Le premier qui est sorti de ta bouche
Pis le reste va suivre tu-seul

Vas-y
Répète après moi

Ma-
Man

Maman

MAMAN MAMAN MAMAN MAMAN MAMAN
MAMAN MAMAN MAMAN MAMAN MAMAN
MAMAN MAMAN MAMAN MAMAN MAMAN
MAMAN MAMAN MAMAN MAMAN MAMAN
MAMAN MAMAN MAMAN MAMAN MAMAN
MAMAN MAMAN MAMAN MAMAN MAMAN
MAMAN MAMAN MAMAN MAMAN MAMAN
MAMAN MAMAN MAMAN MAMAN MAMAN
MAMAN MAMAN MAMAN MAMAN MAMAN
MAMAN MAMAN MAMAN MAMAN MAMAN
MAMAN MAMAN MAMAN MAMAN MAMAN
MAMAN

VAS-Y
DIS-LE

Elle s'approche et le frappe très fort à plusieurs reprises. Puis elle pousse la chaise roulante, et le Fils tombe.

Mardi détonation

Défilent en projection tous les titres de tableaux qui ont eu lieu précédemment jusqu'à ce qu'apparaisse le titre MARDI DÉTONATION.

LE PÈRE, *au Fils.* Je suis à la piscine y a une jeune fille sur le tremplin une jeune fille aux joues rondes elle ressemble à ta sœur je me demande même si c'est elle mais c'est pas elle y a une gang de son âge juste à côté y se moquent d'elle j'entends pas je suis trop loin pis y a de l'écho mais je suis pas mal sûr qu'y rient de son surplus de poids elle se retourne vers eux autres pis elle leur fait un gros fuck you pis après elle court sur le tremplin elle court elle prend son élan pis elle saute pendant qu'elle est dans les airs elle rassemble difficilement ses bras autour de ses jambes pour faire une bombe une grosse bombe qui éclate dans la piscine je me souviens de ça je me souviens de la bombe de la petite fille aux joues rondes pis après ça je suis dans une chambre d'hôpital y fait vraiment clair pis tout est blanc

LA SŒUR, *au Fils.* Je pensais pas qu'y allait neiger pis faire froid comme ça j'arrive à Montréal pis y arrête pas de neiger je marche je fais juste marcher pis y a un itinérant qui me demande de l'argent parce qu'y a faim j'ai pitié de lui y me demande si je peux y acheter à manger y pointe la Belle Province juste à côté au coin de la rue je sais pas trop quoi faire mais comme y neige pis qu'y fait froid j'accepte pis on rentre dans la Belle Province j'y achète à manger je me prends un petit quelque chose moi aussi je me dis que ça va me permettre de me réchauffer un peu c'est tranquille y a juste nous deux dans la place mais quand même j'ai pas osé m'asseoir à la même table que lui je mange tu-seule à ma table pis à un moment donné je vas aux toilettes je demande la clé au gars au comptoir je vas aux toilettes pis quand je reviens mes affaires sont pus là mon sac avec mon argent mon linge la tente toute ça a disparu pis l'itinérant aussi y est parti avec mes affaires je sors tout de suite de la Belle Province je regarde partout pis y est pus là y a disparu avec mes affaires je sais pas quoi faire je sais pas où aller mais je continue de marcher je marche vers le centre-ville comme si les gratte-ciel allaient me protéger de la neige pis du froid j'ai juste envie de revenir à la maison mais y est trop tard y a pus de métro je marche encore pis là je sens qu'y a un char qui me suit je regarde pas mais je le sens le char roule lentement j'ai peur j'ai tellement peur je sais pas quoi faire pis là j'entends un son aigu deux notes deux notes aiguës je fais le saut pis quand je me retourne je me rends compte que c'est un char de police j'ai eu peur d'un char de police c'est niaiseux la fenêtre s'ouvre pis je suis surprise parce que c'est deux femmes qui sont là deux policières elles me posent des questions elles sont gentilles attentionnées elles me demandent si je suis en danger pis là je pleure je pleure comme un gros bébé je leur explique que ça s'est pas passé comme je pensais pis y me proposent de venir me reconduire jusqu'ici pis j'accepte je rentre dans le char de police en me disant que ça s'est pas passé comme je pensais je suis partie une couple d'heures mon frère juste une couple d'heures pis quand on arrive les parents sont pas là c'est Kim qui a répondu aux policières Kim est surprise de me voir parce qu'elle pensait que je dormais dans ma chambre pis elle me dit que Papa est à l'hôpital de pas m'en faire que ça va bien aller que Maman est là-bas avec lui pis qu'y vont revenir dans quelques jours pis elle me dit aussi que j'ai pas le droit d'aller dans le sous-sol je comprends rien faque je vas retourner dans ma chambre prendre la place de la petite fille qui dort dans mon lit

LE PÈRE, *au Fils.* Je suis dans une chambre d'hôpital pis je comprends rien pis là y a ta mère qui se penche sur moi elle me dit qu'y m'est arrivé un petit accident un petit accident à la piscine mais que tout va bien que maintenant je suis en sécurité ici à l'hôpital qu'elle est là qu'elle va veiller sur moi pis là toutes les morceaux se remettent ensemble

KIM, *au Fils.* Toute est à sa place garçon j'ai fini la peinture posé la tapisserie placé toutes les meubles accroché les tablettes les cadres passé le balai allumé une chandelle qui sent bon tu reconnaîtras pas le sous-sol quand tu vas le voir j'ai fini garçon c'est fini je me sens bien la maison est calme vraiment calme ta sœur est partie se coucher pis tes parents sont pas encore revenus de l'hôpital un jour ou deux ta mère m'a dit au téléphone tantôt en attendant je suis là je m'occupe de toi garçon

LE PÈRE, *au Fils.* Pis ça me revient je suis venu à la piscine pour voir Céline je l'attends je regarde la jeune fille aux joues rondes faire une bombe pis après Céline arrive devant moi elle sourit pis elle me dit ça y est c'est fait tu y as parlé j'ai le goût de la prendre dans mes bras j'ai envie de la sentir dans mes bras solide tangible je veux faire corps avec elle mais je garde une distance pis à cause de cette distance-là Céline comprend que j'ai pas parlé à ta mère pis j'y dis que j'ai pas été capable que j'ai essayé plusieurs fois dans les derniers jours que ça va me prendre encore un peu de temps pis là elle se choque Céline elle est fâchée Céline mais j'y explique que ma mère vient de mourir que c'est peut-être pas le bon moment avec les funérailles qui s'en viennent pis elle me dit avant ça c'était ton fils c'était à cause de ton fils de son accident tu disais que c'était mieux d'attendre à cause de ça la prochaine fois ça va être quoi ça va être la faute de ta fille VA-T'EN D'ICI JE VEUX PUS TE VOIR elle arrête pas de dire ça VA-T'EN D'ICI JE VEUX PUS TE VOIR j'essaye de la calmer elle est hors d'elle je l'ai jamais vue comme ça pis elle retourne dans le petit bureau où y a l'administration je continue de la voir y a une baie vitrée qui sépare le bureau de la piscine Céline s'assoit elle est de dos on dirait qu'elle pleure pis moi je suis là en maillot sur le bord de la piscine je sais pas quoi faire on dirait que je vas exploser je vas exploser faque je saute dans l'eau rapidement pis je pousse un immense cri dans l'eau que personne entend

LA MÈRE, *au Fils.* On vient de revenir de l'hôpital ton père est dans notre chambre y dort y a besoin de repos j'ai tellement eu peur mon Dieu j'ai tellement eu peur y est correct y est correct ton père est correct toute va être correct y va reprendre du mieux y m'a dit y m'a dit qu'y voulait retourner à la piscine que c'est important pour lui la piscine qu'y faudrait qu'y y retourne dès demain si c'est possible parce que le mercredi natation c'est sacré mais j'y ai dit que c'était pas possible que c'était irréaliste je lui ai répété que les médecins ont dit pas d'activités physiques pendant au moins dix semaines pis qu'après y allait falloir qu'y reprenne graduellement pas tout de suite la piscine y ont dit les médecins pas tout de suite la nage la nage c'est trop exigeant pour le corps c'est une commotion cérébrale on niaise pas avec ça les commotions pis moi j'ai ben compris qu'y voulait pas perdre sa forme que c'était important pour lui de se sentir bien dans sa peau faque je vas y commander une machine un elliptique je vas y acheter ça sur Internet on va pouvoir le mettre dans le boudoir comme ça peut-être qu'elle servirait à quelque chose cette pièce-là c'est niaiseux d'avoir une pièce qui sert à rien ça pourrait être son endroit à lui quand je pense que j'ai failli le perdre le perdre si jeune un homme en forme ton père on est à l'abri de rien personne est à l'abri de rien je sais pas comment c'est arrivé exactement ton père s'en souvient pas mais c'est pus important l'important c'est que tout va bien maintenant quand on m'a appelée pour me dire qu'y avait eu un accident j'ai vu notre vie défiler pas la mienne pas la sienne la nôtre notre vie celle qu'on s'est fabriquée ensemble

LE PÈRE, *au Fils.* Après je me souviens que je commence à nager avec force avec une énergie que j'ai pas eue depuis longtemps je nage je nage je nage jusqu'à pus sentir mon corps je m'abandonne je vas de plus en plus vite de plus en plus vite l'espace pis le temps existent pus pis là tout d'un coup une douleur ma tête comme si l'eau était devenue solide j'ai touché le bord je me souviens pas si j'ai fait exprès ou pas je m'en souviens pas je me souviens juste de la douleur ayoye ma tête ayoye mon cou je me souviens juste que je la mérite cette douleur-là pis après je coule je coule lentement l'espace pis le temps coulent avec moi dans le fond de la piscine mon orgueil aussi je me dis est-ce que la jeune sauveteuse qui surveille rêvasse à ses propres amours ou ben si elle me voit couler je sais pas pourquoi je pense à ça pis après je pense à Céline Céline de dos à la surface de l'eau je continue de couler de tomber lentement en m'éloignant de Céline CÉLINE JE SUIS LÀ AU FOND DE L'EAU M'ENTENDS-TU CÉLINE je voudrais qu'elle plonge qu'elle vienne me rejoindre faire corps avec elle qu'on vive là dans l'eau pour l'éternité que nos gestes soient lents pis doux tout le temps mais mon corps coule y coule tu-seul tranquillement pis au loin j'entends quelque chose comme un long coup de sifflet avant de me sentir calme étrangement calme

LA MÈRE, *au Fils.* Ça va aller mieux maintenant pis j'ai décidé que dimanche qui s'en vient ça va être dimanche poutine ça fait assez longtemps que je le dis c'est le temps qu'on le fasse on a besoin de ça je pense on va te descendre pour que tu manges avec nous autres comme avant Kim va être là aussi elle va être là avec nous autres dimanche ça va être un dimanche poutine spécial parce qu'après souper je vas

KIM, *au Fils.* Dimanche je vas manger de la poutine même si j'ai jamais aimé ça je vas la manger pour faire plaisir à ta mère

LA SŒUR, *au Fils.* Dimanche je vas manger ma poutine avec passion je vas profiter de chaque bouchée parce que ça va être ma dernière poutine

LA MÈRE, *au Fils.* Dimanche je vas

LE PÈRE, *au Fils.* Dimanche je serai pas capable de regarder ta mère dans les yeux parce que je vas penser à Céline

LA SŒUR, *au Fils.* Dimanche je vas manger ma dernière poutine avant de me mettre au régime de me mettre en forme

LA MÈRE, *au Fils.* Dimanche je vas

KIM, *au Fils.* Dimanche je vas porter la robe noire que ta mère m'a achetée

LA SŒUR, *au Fils.* À partir de dimanche je vas avoir un nouveau rêve un nouveau but

LE PÈRE. Dimanche je vas juste penser à Céline qui est pas venue me voir à l'hôpital

LA MÈRE, *au Fils.* Dimanche je vas

LA SŒUR, *au Fils.* Dimanche je vas annoncer à tout le monde que je veux devenir policière

KIM, *au Fils.* Dimanche on va descendre dans le sous-sol pis découvrir sa transformation tout le monde ensemble

LE PÈRE, *au Fils.* Dimanche je vas manger ma poutine pis je vas rien dire

LA MÈRE, *au Fils.* Dimanche je vas

KIM, *au Fils.* Dimanche je vas prendre ta main en dessous de la table pis je vas espérer fort que tu partes avec moi après souper

LA MÈRE, *au Fils.* DIMANCHE JE VAS REDEMANDER TON PÈRE EN MARIAGE c'est ça que je vas faire je vas redemander ton père en mariage

Temps.

LE FILS. …

La Grand-mère arrive, toujours sur sa chaise roulante électrique. Elle porte son urne dans les mains et ressemble étrangement à un arrangement floral de funérailles.

LA GRAND-MÈRE, *au Fils.* Dimanche vas venir vous visiter comme un vrai de vrai fantôme dimanche vas voir ma photo sur le frigo à côté de celle de la jeune fille au napalm dimanche vas sentir l'odeur de la sauce à poutine en train de bouillir sur le poêle

JEUDI NEIGE

LE PÈRE. …

LA SŒUR. …

KIM. …

LE FILS. …

LA GRAND-MÈRE. …

LA MÈRE. Oubliez pas
Dimanche
C'est dimanche poutine

Vendredi nuageux

LE PÈRE. …

LA SŒUR. …

KIM. …

LE FILS. …

LA GRAND-MÈRE. …

LA MÈRE. Oubliez pas
Après-demain
C'est dimanche poutine

Samedi éclaircies

LE PÈRE. …

LA SŒUR. …

KIM. …

LE FILS. …

LA GRAND-MÈRE. …

LA MÈRE. Oubliez pas
Demain
C'est dimanche poutine

DIMANCHE POUTINE

Une cuisine apparaît soudainement. La table est mise.

LE PÈRE. …

LA SŒUR. …

KIM. …

LE FILS. …

LA GRAND-MÈRE. …

LA MÈRE. C'EST DIMANCHE POUTINE

En silence, tout le monde prend place autour de la table. La Grand-mère reste à l'écart et regarde la famille de loin. Noir.

OUVRAGE RÉALISÉ PAR
LUC JACQUES, TYPOGRAPHE
ACHEVÉ D'IMPRIMER
EN OCTOBRE 2016
SUR LES PRESSES
DE MARQUIS IMPRIMEUR
POUR LE COMPTE DE
LEMÉAC ÉDITEUR, MONTRÉAL

DÉPÔT LÉGAL
1re ÉDITION : 4e TRIMESTRE 2016
(ÉD. 01 / IMP. 01)